마늘

마늘

다인숲시선 07 / 고성만 시집

다인숲

/ 시인의 말 /

　방송국 심야 프로에 엽서 보내놓고 "너의 생일 축하!" 이런 메시지가 전달되기 고대했지.

　누군가 내 시에 대해 입에 올려주기를 간절히 기다려온 것도 십수 년째

　삶이 곧 시라는 말이 제일 싫었고, 시가 삶과 동떨어졌다는 말은 더욱 싫었던, 앞뒤 맞지 않는 사유는 도대체 어찌한단 말인가.

　저 티베트 고산의 구름族이 신께 바치기 위해 만든 마리골드 화환처럼 때가 되면 저절로 피어나기를,

　"너의 생일 축하!" 이런 메시지가 밤하늘에 빛나는 별 같기를.

2025년 초가을

고성만

/ 차례 /

시인의 말 05

제1부_ 월봉서원 앞 감나무

마늘 13
모래는 바위의 울음을 알고 있다 14
풀을 베다 16
독 18
소금 호수 19
소읍 20
횡혈식석실묘에 대한 명상 21
기찻길 옆 22
꽃무릇 23
가을 우편함 24
월봉서원 앞 감나무 26
늦가을 27
대금 산조 28
가을 영산강 30
명사산 32
연륜 33
핥고 싶다 34

제2부_ 검은 꽃의 감정

선천적 그리움	37
겨울 서간체	38
베란다 의자	39
월식	40
출렁다리	41
율정점에서의 이별	42
헐벗음에 대하여	44
사리에서	45
적소의 꽃	46
울음 무늬	47
검은 꽃의 감정	48
구름무늬 반닫이	49
율을 짓다	50
돌탑	51
청별항	52
겨울 저수지	53
테러리스트	54

제3부_ 보늬

찔레꽃역	59
낮달맞이꽃	61
인당수	62
풍력발전기	64
보늬	65
새 장수	66
망종	67
바닷가 민박집	68
누님의 꽃밭에서	69
장마	70
부채	71
자귀나무	72
그림자에 갇히다	73
소나기	74
밥 냄새	75
처서	76
붓꽃 피는 아침	78

제4부_ 눈물주의보

비밀번호를 몰라서	81
2월	82
눈물주의보	84
가파도와 마라도 사이	86
구례군 광의면 온동리 난동마을	88
민들레	89
빨간 넥타이	90
봄 전입신고	91
섬진초등학교	92
자운영	94
재채기	95
손금에 내리는 비	96
청딱따구리	98
조팝꽃	99
빗방울 속에 산이 들어있다	100
별 못	102

해설 자아self를 찾아 떠나는 낭만주의자의 회고_ 염창권   104

제1부 / 월봉서원 앞 감나무

마늘

뜨거운
불판 위
한꺼번에 올려진 채

노릇노릇 익어가는
이백여* 뼈마디

속살이
아리는 슬픔
말갛게
고인 눈물

*사람 뼈의 숫자

모래는 바위의 울음을 알고 있다

달구어진 모래에
귀를 대면 들린다

어디 먼 데
심장을 두드리는 고동소리

화산이 폭발하는지 피어오른 잿빛 연기

바위와 자갈들
강을 따라 흐른다

모서리와 모서리를
부딪히며 구를 때

뜨겁게 흐른 눈물을 핥아주던 온기들

해변 가 조가비에
눈 맞추면 보인다

섬광 번쩍번쩍
부서지는 천둥번개

새 떼가 내려앉은 바위섬
밝아오는
아침 해

풀을 베다

이것은 푸른 정신
처참한 순절이다

지구상 최후 보루 지키기 위하여

처서와 백로 그 사이
온몸으로 저항한다

볼록볼록 터진 물집
되살아나는 아픔
거미줄 걸린 나비
목숨 줄 죄어오던

네 눈길,
캄캄한 어둠
눈물 적신 이름이다

홀로 앉아 바라보면 배고픈 저녁 불빛
스르르 드는 잠
푹신한 요람

이것은
만인의총*
향기론 무덤이다

*정유재란 때 남원성에서 순절한 지사들의 무덤

독

 남몰래 삼킨 눈물 자라고 있었던가 건드리면 덜컥 물 것 같은 그놈들 나뭇잎 바스락거릴 때 사과처럼 농익은 달

 등불 켜지 않은 집에 앉아서 편지 쓴다 추위가 닥칠 텐데 몸조심 하라고 얼마나 먼 지 알려달라고 너는 여직, 묵묵부답

 달의 껍질 태우면 일렁이는 불꽃의 혀

 주전자를 얹는다 자작자작 끓는 소리 쓰디쓴 즙 넘어 온다 너 부르다 잠든 밤

 달빛이 시냇물에 푸르게 젖는다 몇 번 눈 내리고 추울수록 따뜻한 방 침샘 밑 어금니 빼어 제 가슴에 박는다

소금 호수

짭조름한 바람은 이 지방의 특산품

바닥 깔린 구름은

깊은 밤의 미리내

기억이

방부 처리된 채 물속에서 불탄다

소읍

해미
낙안
어릴 적 여자 친구 이름 같다

모과 빛 등불이 켜진 고택 서너 채

발 지문 닳도록 서성,
서성거리는 저녁

횡혈식석실묘에 대한 명상

떠나버린 너
그리워
그리워서
나 죽으면

뜨거운 불로 구운 벽과 벽 사이 누워

들으리
가을 한밤중
돌이 우는
소리를

기찻길 옆

칸칸이 벽을 막은 방에서 자취할 적
은하수 맥주홀 무명 가수 옆방 청년
어딘지 먼 행성에서 데려온 여자 하나

어둠의 불 켜둔 채 목욕하는 물소리
키들키들 아무리 막아도 새는 웃음
우르르 새벽 기차가 지나가는 철길 가

방광이 봉숭아 씨방처럼 부풀 때
금싸라기 은싸라기 부어진 낯선 해변
줍는다 향유고래 수컷이 뱉어낸 용연향을

꽃무릇

황홀한 폐허다 뱀파이어 이빨로
선혈 실컷 마신 뒤 훅 뿌려놓은 채색화
숨 깊이 파고 들어가 흉터 난 자국이다

마침내 잉걸불 타오르는 꽃밭에
가져다 끌 물 없어 맨몸으로 뒹군다
독이라 독에 맞선다 자지러진 울음소리

가을 우편함

당신 거기
가셨군요
낙엽 지는 골짜기

나는 여기 이렇게 웅크려 듣습니다
당신이 그 먼 거리에서
저벅저벅 걷는 소리

서서히 체온이 내려가는 연못 안
서둘러 교미 마친 우렁이의 분홍 알

겨울이 두려운 별들은
눈물 글썽거리지요

단풍나무 아래 숨어 슬피 우는
시월의 밤
당신은 구름과 통화하느라 바쁘셨죠

바람이 머리카락을
죄다 셀 것 같은데

잘 익은 적막이 바스락대는 산과 들
주변까지 밀려온 단풍을 보면서

아 하고
한숨 내쉴 때
저 혼자 붉은 우편함

월봉서원 앞 감나무

존경하던 선생은 말수가 적었는데
싸락눈 흩어뿌린 초겨울 화선지 위

어쩌다 일필휘지면 지축이 흔들흔들

혈관처럼 뻗어 나간 느티나무 가지들 자잘하게 쪼개어진 이승의 하늘 아래 어두운 세월이 천일 만일 많이도 흘렀는데

서슬 퍼런 저 경지 창연한 그 기운 자주 눈 비비며 고개를 수그렸는데

홀연히 대나무 붓을 꺾고 토굴에 드셨는데

따르던 제자들은 머리 풀고 대성통곡

회청색 저녁연기 마을을 휘감을 때
자잘한 열매 가득 매단 감나무 한 그루

늦가을

안개 낀 다리 위
못 가는 조앙마두

칼바도스 몇 잔에
취한 여가수

낭창한
허리를 안고
호텔 가는 라비크

대금 산조

지공 청공*
애달픈 숨
끊어질 듯 춤을 춘다

자진모리 스며드는
청대나무 맑은 피

청산이
긴 강물 끌어안고
휘어든 흔적인걸

그 길섶에 꽃 피고 나뭇잎은 지는데
당신을 떠나보낸 후 아득한 어지러움
뭇별이 속삭이는 말 들어보는 중인데

두루마기 입고서
구름 위를
걷는 동안

엇모리 뛰는 바람
설레는 가슴인가

까치발
듣는 빗방울
나비잠을 깨운다

*대금에 뚫린 구멍

가을 영산강

1.
물 위에 해 비칠 때 물 아래 흐르는 물
바위가 부서지고 모래가 구르고
자잘한 물고기 새끼 헤엄치는 강의 중심

배꼽에 숨 모아본 사람은 알게 되지
흰피톨 붉은피톨 번지는 모세혈관
물길이 내 몸 안에서
꽃 피던 순간을

영산포 나루를 건너면 듣게 되지
강에도 마음 있어 윤슬로 반짝이고
어둠에 휩싸일수록 깊어지는 물소리

2.
마을 앞 관방제림 느티나무 단풍 든다
초록의 깃털이 눈부시던 냇가에
검붉은 불이 붙는다
신열을 앓고 있다

뜨건 이마 식히며 강바람 불어오면
아래로 더 아래로 밀어가는 잔주름
펄펄펄 훈김 오르는 막국수 두어 대접

그릇 속 나뭇잎을 건져내며 울먹인다
그대 영혼 쓸리는 밤 첫서리 내릴 무렵
창문을 흔들어 대는 누군가의 낯선 손

명사산

대성동 사거리 자취방 얻어 살 때

캄캄한 잉크가 엎질러진 한밤중 "성공은 달고 인내는 쓰다" 아로새긴 책받침 앞 공부하다 엎드려 깜박 잠든 사이에 사막을 함께 걷던 낙타는 사라지고 물지게 삐걱삐걱 나 홀로 샘물 긷는데 눈두덩이 시퍼런 아랫방 새댁이 손을 잡아 이끈다 별똥별 쏟아진 초승달 모양 아로새긴 호수* 가녘

또 다시 꿈속에서나마 모래 산이 울고 간다

*월아천

연륜

그림자 끌어내리는 산마을의 저물녘
물결 번져 방울방울 부서지는 언덕 아래
숨 가쁜 소용돌이로 굵어지는 나무들

파르랑 팔랑팔랑 날아가는 나비는
향기의 흔적 따라 새로 만든 오선지
붉은 놀 물든 하늘은
해가 그린
악보다

점점 더 아래로 파고드는 뿌리처럼
나이테는 시간이 곱게 잠든 우물 속
허공에 메아리치는 파랑새 울음이다

핥고 싶다

탱자나무 가시 꺾어 상처 부위 딴 다음
다래끼 흠뻑 빨아주던 어머니
찌르르 아프긴 해도 개운했던 혀의 감촉

어머니 안 계신데 상처는 덧나서
내 혀를 쑥 뽑아 샅샅이 핥고 싶다
세균에 바이러스들 뿌리 뽑을 때까지

나보다 아픈 그대 꼼꼼하고 정성스럽게
핥아주고 싶다 세상 온갖 병을 씻어
괜찮아 다 나을 거야 속삭여 주고 싶다

제2부 / 검은 꽃의 감정

선천적 그리움

부서지는 역광 안 가득 핀 억새밭

샛노란
은행나무
밑동 덮은 잎사귀

머리 센 어머니가 담근
모과차를 마신다

예서 먼 산골짜기 성당에 세운 트리

고요한 밤
거룩한 밤
함박눈 펑펑 내리는,

순록의 마차를 타고
너와 함께 돌아간다

겨울 서간체

아는가, 우리 누이 신행 따라 가던 날 대나무숲 둘러친 마을로 들어설 때 흰 눈이 그것도 쌀눈이 퍼붓기 시작했네

살피듬 거친 깜장 돼지가 끌려 나오고 멱따는 소리가 울려 퍼지는 뒷마당 더운 김 뜨건 내장들 막소금에 찍는 손길

긴 장화 차림의 사람들 우세 두세 둘러앉아 파안대소 건네는 말 아따메, 새아가 들온 날인디 참말 복 있을랑갑서

여보게 아는가,
보리밭 파란 남쪽
차일 친 하늘 끝 날아가는 철새 떼
싸락눈 가뭇없이도 어두워진 묵 친다네

베란다 의자

난간이란 말 들으면 마음이 아슬아슬해
당신 모습 멀어서 서성거리는 기다림
풍경화 안쪽 어디쯤 덩그렇게 놓인 자리

들여놓을 공간 좁아 안고 있는 화분에
움이 돋아 푸르렀어 자주 물기 말랐어
아직도 안 온 것인지
왔다가 간 것인지

달빛의 흰 물결 찰랑대는 난간 바깥
차마 딛을 수 없는 허방 덜덜 떨리는 꿈
자꾸만 망설이다가
어제도 또
오늘도

월식

한 존재가
한 존재를
완벽하게 가리다니

바람의 배후에서 구슬프게 우는 소리

까맣게
익어가는 까마중

사나운 개가 짖는다

출렁다리

꼬이고 꼬인 일들 풀어내기 어려울 때
철 계단 걸어올라 하늘 가녘 기댄다
손 모아
간절히 외쳐
온전하지 않은 사랑

구름 속 떠 있는 길을 향해
한 발 한 발
확인하듯 물어보고
다짐하듯 대답한다
꽃잎이 떨어진 자리
시퍼렇게 깊은 계곡

사람들 사이에도 허방 짚는 날이 있어
보랏빛 아침부터 노을빛 저녁까지
오늘 또
울렁거리며
조심조심 건넌 하루

율정점*에서의 이별

1.
아우님, 자네가 먼저 길 나서시게

배교의 쓰라림도
반역의 캄캄함도

화로 위
해당화 꽃잎
불타오른 저녁 해

2.
형님, 이번이 마지막은 아니겠지요

밤새워 우는 말
낮닭의 헛소리

죄 없이
죄를 지어서
육자배기
휘어진 길

*정약전, 약용 형제가 유배 길에 묵은 주막

헐벗음에 대하여

요즈음 사는 게 어떠냐고 물으면

이어폰 귀에 꽂고 저 혼자 중얼중얼 침 퉤퉤 세상 욕을 하는 늙수그레 앉은 남자

어떤 날은 수건 질끈 동여맨 채 땀을 뻘뻘 사우나 모래시계 뒤집고 또 뒤집고

놀랍게 새로웠던 것들 얼마 안 가 시들하지

누웠다 일어났다 한 계절 흘러간 뒤

누군가

행복이 무어냐고 물으면

흐릿한 유리창 밖에 눈송이 바라볼 뿐

사리*에서

피 터져 살점 벗겨 주리를 틀었지만 하늘도 육지도
검은 섬 뒤뜰에 담 너머 물너울 너울 갈수록 아득한데

저주받은 유배 길 목숨 걸고 건넌 바다

오징어 먹물에 붓을 적셔 그린 그림

마음속 그늘 자리는 얼마나 어두울까

백련사 동백꽃잎 해마다 붉다고 바람결에 다산 아래
동생 소식 간절해 해녀들 숨비소리가 깨우는 정적인데

우러르는 하늘가 떠받치는 백성들

모래 기둥 허물었다 다시 쌓는 마을 입구

나무에 새끼 줄 묶여 울부짖는 황구처럼

*흑산도 정약전 유배지

적소의 꽃

 죽기를 작정하면 무엇이 두렵겠느냐 아들아, 차디차게 언 손으로 눈 녹이는 어버이 마음 헤아려 가슴에 새기려므나

 딸아, 먹빛 그림 속 멧새 두 마리처럼 너희 시댁 어른들을 즐겁게 해 드려라 여하튼 내외간에 화목하고 행복하거라

 동백꽃잎 따서 지은 다섯 폭의 치마 노을빛 물든 구강포에 띄우면 아내여, 이 눈물 흘러 북한강에 닿을는지

 언제 한 번 마음 편히 웃어볼 날 있으리 나라는 어지럽고 백성은 위태롭구나 벗이여, 다음 세상엔 목숨도 우정도 훨훨

울음 무늬

음메에~
비 오는 날 말뚝 매인 염소처럼

당신 이름 부르며 애타게 울었었다

삼십 년 더 지났는데
귓가 도는 그 소리

검은 꽃의 감정

속 꽃 피면 겉 꽃 피고
아래 꽃 피면
위 꽃 피어

당신이 정원에 발 들여놓는 그 순간

층층이
탑을 쌓으며
울먹이는 먹구름

구름무늬 반닫이

바닷가 노을 마루 구름을 모셔왔다
새벽닭 울 때까지 분주하던 다듬이질
싱그런 매미 소리랑 칠월 들녘 함께 왔다

위 칸엔 여치 날개 옥색 고운 나들이옷
아래 칸엔 희디흰 배냇저고리 속적삼
기쁨을 채우던 서랍 어느새 텅 비었다

먼바다 뱃일 나간 젊은 아비 소식 없고
막막하고 폭폭하여 쥐어뜯고 원망하며
아궁이 군불 지피던 젊은 어미 울고 있다

십오 층 베란다가 살아야 할 집이란다
도둑 손길 함부로 휘저은 이 가슴
슬픔은 홀로 취하는 술이란다 아, 글쎄

율을 짓다

사랑하는 너의 귀 파들거리는 속삭임
산란한 물고기 떼 신록 위로 솟구침
아기 새 첫 비행 연습 음표처럼 가볍다

어디 먼 곳에서 폭탄 테러 나는지
자욱이 흐린 세계 매캐한 미세먼지
녹음 속 숨 가쁜 호흡 흔들리는 나무들

타오르는 관목 숲 쏟아지는 불의 비
심장은 빨리 뛰고 신열 앓는 내 이마
아 너도, 열이 오르냐 담쟁이 붉은 담장

가지에 떨어져 살포시 쌓인 첫눈
아이의 웃음소리 휘발하는 내 청춘
흰 나비 물결을 따라 어지럽게 춤추며…

돌탑

맨 무릎 까져도 네게 닿을 수 있다면

이 냇가 저 골짝

쌓아 올린 마음들

이대로 수천 년 동안 널 기다릴 수 있다면

청별항

뱃고동 길게 운다
배가 떠서 다행이다

우리는 왜 자꾸 만났다 헤어질까

포구는 무심한 듯이
쿵쿵대는 유행가

차라리
보내야만 좋을 운명이라서

이별이라, 이왕이면 맑디맑은 이별이게

여객선
마스트 끝에
모여드는 갈매기 떼

겨울 저수지

흰 구름의 날개가 머물다 가는 곳
마디마디 푸른 대숲 분절된 비명들
계곡 위 범종소리가 아스라이 닿을 듯

일가족 차에 탄 채 물속으로 달렸다는데
안전벨트 맨 자세로 좌석에 앉았다는데
쨍그랑 깨뜨려진 햇살 살갗을 파고든다

아차하면 헛딛어 빠질 뻔한 가장자리
핏줄 같은 개울물이 흘러내려 모여든다
저기 저 터질 수 없어 꽝꽝 언 울음 창고

테러리스트

지구의 자전축은

비스듬히 기울었다

기압골 흐르는 스레트 지붕 아래

쓰디쓴 잠은 언제나 안식을 허락지 않고

드높게 쌓은 벽 부서지지 않도록

고되고 강하게 훈련하던 날들

되도록 멀리 떠나자 슬픔의 독 퍼진다

국경 넘어 자폭테러단 가방을 들쳐 맨다

한 번도 주목받은 적이 없는 인생 길

애틋한 정을 주었던 여자조차 떠난 후

영원히 후회를 되새기고 싶지 않다

아으, ***꽝! 꽝! 꽝!*** 흰 구름 위 날아서

추락은 늘 간절하다,

피투성이 외로움

제3부 / 보늬

찔레꽃역

하얀 옷
솔기마다 어둠의 향 풍긴다

궁벽 진 골짜기
아득히 태어나서

일본군 손아귀에 끌려가 가시넝쿨 박혔지

느릅나무 피는 속잎
뻐꾸기 찾아올 때

고향 점점 멀어지고
이역만리 떠난 기차

무정차 기적소리에 떨어지는 눈물방울

철교를 지나는지
텅텅 빈 울음소리

보고 싶은 사람들
손 흔들던 플랫폼

그날로 되돌아가고 싶을 땐 보름달을 불렀지

장미가
될 수 없어
희게 바랜 그리움

지옥 같은 마음 자락
잠시나마 쉬는 곳

땀땀이 바늘 뜬 꽃잎 붉게 맺힌 핏방울

낮달맞이꽃

외로울 땐

누구나

섬이 되는 법이지

눈물이 마르다가 얼룩진 자국처럼

새파란

하늘 모서리

분홍빛

낮달의 꿈

인당수

   자욱한 풍란 향기 속에서 길 잃었어요

   수직으로 선 절벽 수평으로 덮는 안개 청아 내 가없은 딸 심청아 어미가 절 불러요

   다가갈 수가 없고 손 내밀 수 없는 바다 살도 뼈도 마음도 으깨어 문드러진 밤을 지새워 남지나 어디쯤 강남 가는 여울목에 두둥실 떴네 망망한 창해이며 탕탕한 물결이라 청아 청아 심청아 널 보내고 나 혼자 어찌 살랴느냐 아비가 절 불러요

   몸이자 자궁으로 자근자근 자극도 없이 신생의 꿈 또 다시 드릴게요 어미 입이자 항문으로 사근사근 접촉도 없이 새로운 눈 또 다시 드릴게요 아비 내 걱정 치료비 걱정일랑 절대로 하지 마세요

   사계절 기후 위기 자욱한 미세먼지 무색무취 스며드는 바이러스 없는 세상

태풍이

돌아눕는 바다

연잎 배 너울너울

풍력발전기

푸른 산 넘어서
물마루 건너서
아름다운 산호초 헤엄치는 실뱀장어
통통배 소리 들리는 항구에 잠시 정박

물고기 떼 오른 수로 거친 파도 일렁이고
무지개 잡으려고 발돋움한 돌기둥
다 늦은 저녁 종소리 울려 퍼진 바닷가

아아 나는,
너의 잠에 빛 부어주는 은빛 날개
폭풍우 마주 서서
환한 꿈
꾸고 싶어

먼바다 밝히는 등대 깜박이는 별처럼

보늬*

다람쥐가 숨겨놓은
알밤에서 돋은 싹

비바람 눈보라
툭, 떨군
열매 하나

억지로
껍질 벗기면
칼날을 무는 마음

*밤이나 도토리의 속껍질

새 장수

아이는 구름 끌고
새장으로 들어가고

아이는 안개 들고 밖으로 나온다

머리털 쪼으는 수컷
조롱조롱 우는 암컷

벤죠를 울리며
이랴 어서 가자

노랠 불러 언덕길 내려가는 저 사내

채색화 펼쳐진 하루
울음으로 피어난 봄

망종

트랙터는 큰 붓
황토밭은 캔버스
바퀴 자국 줄줄줄 따라가는 고랑들
흰 비닐 씌우자마자 반짝반짝 흐르는 강

아버지 어머니 농약 통 매던 자리 외국 인부 호밋날 깊숙이 쑤셔 박아 단호박 틔우는 새 움 우묵하다 하더라도

소중한 정성으로 울울하게 자라나서 기쁨 반 슬픔 반 가로 세로 짠 무늬 알알이 새긴 땀방울 눈부시게 펄럭이지

멀리멀리 딴 세상
날아가고 싶지만
고이 접은 채 고개 수그린 날개 위
우리는 충혈 된 눈길 터트려진 꽃망울

바닷가 민박집

벤치의 발치에
쌓인 파도
쓸어낸다

머리칼 담뿍 적신,
액정화면 속 바다

돌아갈 날짜 헤아린다

달의 벼랑
끝
애월涯月

누님의 꽃밭에서

양귀비 모란 작약
쓰디쓴 약 삼킨 듯

꽃잎이 벌어질 때
천둥소리 들렸어

언젠가 걸어가야 할
외줄기 길 보였어

굴욕에 대하여
망각에 대하여

차마 뱉지 못해
도로 삼킨 뜨거움들

모든 색 섞이어 들면
캄캄한 검정처럼

장마

고구려 여자 화희 한나라 여자 치희 머리카락 휘어 잡고 싸운다 섧게 운다 치희가 떠난 후 자욱 퍼지는 치자 향기

부채

나무는 초록으로 세워놓은 자연 부채
잎사귀 뒤적여 바람을 일으킨다
나 또한 손바닥 흔들어 더위를 식힌다

에어컨은 자비로 만들어진 기계 부채
제 몸에 불이 붙을 정도로 뜨거워도
건물 안 사람들 모두 차디차게 얼린 성능

자일리톨은 입의 부채 불안을 잠재운다
자작나무 즙액이 상쾌하게 헹궈주는
하이얀 거짓말 한 통 질겅질겅 씹는다

자귀나무

그 여자 속눈썹이 함초롬 젖어있다
온몸 검은 상제나비 얼룩덜룩 나는 밤
못다 한 노랫소리로 차츰차츰 밝는 아침

깨끗이 씻긴 산허리 깊어가는 계곡물 이틀 사흘 내리고 또 내리는 우중에 산 넘어 강을 건너서 수수밭 마을 지나

매캐한 연기 내음 군불을 지필 때
진초록 잎새 사이 분홍으로 타오른다
손 모아 합장하는 이마 물소리가 들렸다

그림자에 갇히다

햇살이
사다리 타고 내려온 아침
이삿짐 차 태워지는 피아노 뚜껑을
투우웅, 열어젖히며
튕겨 나간 음표들

바리바리 싣고서 어디로 가는 걸까
마른 가지 물어다 새집 짓는 까치들
근처에 산불 났는지 선회하는 검은 날개

한순간
헬리콥터 그림자에 갇힌 찰나
꺼내 줘!
젊은 여자 가슴팍 깊은 곳
저절로 놓친 시선이
날아가 꽂히네

소나기

섬광이 번쩍번쩍 무지막지 쏟아진 비

아낙은 젖어버린 살림살이 말렸다

사내는 그린파파야 열매를 수확했다

남서쪽 해상에서 몰아친 태풍 때문에

비닐하우스가 폭삭, 주저앉을 그 즈음

고통은 낡은 의복이다 여벌이 따로 없는,

아낙은 사내의 등을 닦아주며 울먹울먹

불가사리 해변을 요란하게 뒤덮은 날

노을로 타오른 사내 조약돌로 눕는 아낙

밥 냄새

도르르 말렸던 순이 좌악 펴지면서

고사리 고비 둥글레 쑥갓 머위 넌출넌출 뻗어가다가 꽉 붙잡는 그것이 허천병 나느라고 지천으로 깔린 곰밤부리 쇠비름 몽땅 해 먹었던 날 달개똥 죽죽죽 내갈기듯 싸지르는 것 아니것어 어렵던 시절 싸래기 한 박적 얻어다가 쌀죽을 흰 쌀죽을 쑤어가지고 찬지름 두어 방울 떨어뜨리니 아 그것만큼 좋은 것 못 봤어 온 집 안에 환장하게 진동하야 시름없이 엎어졌던 새끼들

어메야, 먹을 것 좀 줘! 죽일 듯이 달라드는디*

*흥보가 변형

처서

목말라
목이 말라
노란 꽃
떨군 자리

베개 눌린
이마처럼
아래쪽이 하얀 호박

한증막 뜨건 입김을
뿜어내던 열대야

축축이
물기 적신
새벽녘 놀이터에

시소를 타러 왔나
바람에 걸쳐있는,

햇살 눈
반짝거리며
모여 앉은
이슬 가족

붓꽃 피는 아침

언제 저리 피었을까
뚜껑 여는
작은 붓들
지붕 벽 침대까지 노란색 집에서
밤새워 다투던 고갱 타히티로 떠난 아침

슬픔은 좀처럼 시들지 않는구나
테오야, 불룩한 병에 담아 보내니
이걸로
아버지 어머니께 맛있는 빵
사 드리렴

그림이 팔렸다는 소식 기다리다
권총으로 자신 심장 겨누는 화가
보라색 햇살을 묻혀
한 촉 한 촉
펼친 붓들

제 4 부 / 눈물주의보

비밀번호를 몰라서

예전에 나,
이 악물고 꽉 닫힌 대문 앞
부들부들 떨면서
서성이던 때
있었다

언젠가
너의 발아래

무릎 꿇은 적 있다

2월

멈추기엔
이미 늦고
시작하기엔 아직 이른
문턱
언저리에
돋아난 작은 풀꽃

언 땅을
헤친 그놈들
쇠보다
단단하지!

묵은 숨결 한 가슴
허파 열어
흐음…
코끝을 스친 바람
가만히
맡아보게

별들이 봉오리마다
내려앉고
있을 테니

눈물주의보

모친 부친 여의어도 흑흑 느껴 안 울었네 불그족족 도톰히 부푼 꽃눈 앞에서 왜 자꾸 눈물방울이 떨어지는 것일까

꺽꺽꺽 치솟는 무엇인가 번역하려고 소주병 막걸릿병 색색이 세우면 바람이 불 때마다 흐엉 울어주는 그 소리

곰삭은 속엣말 받아 적는 뉘우침들 오늘의 굴욕은 하루치의 양식이지 내일은 내일의 근심 저녁은 만찬인걸

시들고 피는 것이 살아야 할 이유라면

울음은 지금 내가 덮어야 할 생의 담요

눈물은

허전한 발길 멈춰 세운 작은 꽃잎

가파도와 마라도 사이

그녀가 말했다 멀리 섬에 다녀왔다고 섬에서 섬으로 건넜단 말 날 흔들었다 그 섬에 가야만 하는 기분에 사로잡혔다

따로지만 같이 있고
같이 있지만 하나가 아닌,

유채밭 청보리밭
바닷가로 이어진 길

자전거 타면 어떨까 신나게 달려가는 중

그녀는 내 허리 안고 바람이 실바람이 비단을 말아 쥐듯 정말 부드러워요 향긋한 머리카락이 양 볼을 스치듯

검은 여가 있는 해변 돌담 쌓인 무덤 가 저 멀리 아스라이 떠서 가는 여객선

지붕은
왜 빨갛거나
파랗게 물들었을까

그래도 조금이나마 가까이 더 가까이 가파도와 마라도 사이 그 어디쯤

드넓게 펼친 밤하늘 별자리가 되는 꿈

구례군 광의면 온동리 난동마을

지리산 녹은 물 흘러내린 계곡에
영하로 떨어졌던 기온이 쑥 오르자
서둘러 망울 터트린 청매실과 산수유

겨우내 쌓인 먼지 꽃신 찾는 신기댁
반듯한 검정 구두 닦아 놓은 신기양반
흰나비 노랑나비 떼 앞장서는 화개장

민들레

아이와 웃으며 걸어오는 히잡 쓴 여자

낙타 없이
그 멀리서
도대체
어떻게

차양 막 흔드는 바람
회백색 갓털처럼

빨간 넥타이

오월 내내 탐스럽게 피어난 넝쿨장미

깊이깊이 숨겨둔 마음을 찾으려다

가시에

찔려버린 나,

너

부르는

긴 혓바닥

봄 전입신고

도저히 이대로는 살 수가 없습니다
수선화 호숫가로 이사를 마쳤습니다
흉곽에 꼭꼭 숨겨둔 휘파람새를 꺼냅니다

구름의 방 얻었습니다 장식장 서랍 속
바람에게 세 들었습니다 부드러운 햇살
새벽빛 별을 훔쳐다 꼭꼭 간직하렵니다

늦었습니까 어찌하면 당신을 만날 까요
뜨겁게 흐르는 피 아직도 유목 중인 꿈
저에게 남은 시간이 여전히 있습니까

노을 뜨는 서쪽 하늘 버들잎 지는 강변
풀 나비의 아침을 빼앗지 않으렵니다
저 홀로 피고 지는 꽃 그리 섧게 울겠습니다

섬진초등학교

이월은 도롱뇽이 산란을 하는 달
삼월은 집 떠난 나그네가 웃는 달

등굣길
주변이 온통
산수유 동백 매화

광양시 다압면 교문 앞 현수막에
이형철 김새롬 유현아
입학 축하!

아이들 교실로 가자
동동대는 신발들

운동장 가 백팔십 살 팽나무가
달보드레
봄동 가닥 쭉 찢어
먹어봐라, 건네신다

사르르 녹아버리는
흰나비
암수 한 쌍

자운영

한쪽 무릎이
시퍼렇게 멍든 소가

텃논을 갈며 돌다 엎어지는 것 보았다

윤사월 다 가기 전에
꽃구름
자욱한 날

재채기

배추밭에 흰나비 내려앉던 꿈 때문인가
코끝을 간질간질 꿈틀거리는 분화구
살얼음 걷는 것처럼 전전긍긍 조바심

죄 없이 사랑한 죄 잠 못 이룬 나날 동안
미움 번민 용서가 뒤섞인 채 감아 도는,
당신을 인내하느라 참고 참았던 살의 긴장

에취 에취 에엣취! 가슴 속 독화살들
재워뒀다 한꺼번에 발사한 시윗줄
바르르 떨리는 등뼈 내 영혼의 몸부림

손금에 내리는 비

 이삿날 소중한 구슬 딱지 건넨 친구 은사시 숲속에서 첫 입술 주던 애인

 지금은 어느 거리를 지나가고 있는지

 늘그르미 쑨 죽에 참기름 동동 띄워 돈나물 곰밤부리 허위허위 먹고 싶어 장미향 송화가루가 몰려오는 고갯마루

 뻐꾸기는 종일 울어 전생에 떠돌이였는지, 깨어진 유리처럼 사방으로 뻗은 길들

 무논에 개구리 소리 자글자글 들리는 밤

 감잎 필 때 못자리 밤꽃 필 때 모내기 접시꽃 붉다고 늦장마 진다고

주먹을 꽉 쥔다 자욱,

안개비 흩뿌린다

청딱따구리

봄 산에 고사리 꺾다 바구니 내려놓고 꽃잎 뜬 물가 앉아 양말을 벗는데

머리통 따르르 딱딱 쪼아대는 그 소리

영등포역 뒷골목 끌려가서 돈 뺏기고 두들겨 맞았지 시계를 벗어주며 매달려 사정을 했어 제발 살려달라고

사랑하는 어머니, 왜 나를 낳으시어 굴욕의 고통에 시달리게 하시나요, 이대로 미쳐버릴 것 같아 숨을 훅 들이마셔

그래 나는 슬픔과 슬픔을 잇는 숙주!

이 악물고 대가리 들이밀며 기어이 새끼들 부화시키려 둥지 짓는 저 맹목

조팝꽃

한 발 한 발 내딛을 때마다 천 길 벼랑

누가 내 욕 하는지

귓속이 간지럽다

저 멀리

푸르른 강물

눈을 씻는

청거북

빗방울 속에 산이 들어 있다

비 올 때
물방울은
피기 직전 꽃봉오리
그 속에 펼친 하늘 앞산이 흔들린다
숲 위로 뜨는 무지개
어릴 적 꿈
잡힐 듯

갉작갉작 이빨같이 돋아나는 여린 싹
해와 달 층층이 채워 넣은 서랍 안
별빛을
기다렸으나
점점 더 어두운 집

푸른 램프 손에 들고 너를 찾아 헤맨다
오랜 불면의 끝
단잠 이룬 새벽녘
닮았다

살짝 벌어져
이슬 맺힌
튤립 송이

별 못

누군가
망치질로
별이 총총
물이 찰랑

작년 그 꽃
또 피었다
아파트
꼭대기쯤

밤새워
연보라 향기
개구리
울음소리

해설

/ 해설 /

자아self를 찾아 떠나는 낭만주의자의 회고

염창권 | 시인

발 지문 닳도록 서성,

서성거리는 저녁

깨어진 유리처럼 사방으로 뻗은 길들

고성만의 두 번째 시조집 『마늘』은 공감각적 이미지로 충만한 유소년기를 지나 현재의 파편화된 길과 그 이후로 이어지는 연장선 혹은 "손금"의 길 위에 수놓은 기억의 서사이다. 원초적 통일성을 지닌 장소는 덧없어지고, 언제나 현실의 길 위를 떠돌고 있다. 지향점은 보이지 않는다. 이와 같은 내면 성찰의 지난한 과정 혹은 나그네 의식은 어디에서 연유하는가.

흔히,

현실과 이상 간의 차이에서 아이러니가 발생한다고 한다. 깨달음은 타락을 통해서, 사랑의 완성은 실패와 좌절의 경험을 경유함으로써 이루어질 수 있다는 점은 역설적이다. 성聖과 속俗의 이분법처럼 동경하는 대상을 향한 마음은 성스럽고 아름답지만 이를 추적하는 현실은 누추하고 타락한 상태이며 심지어 굴욕을 무릅쓰게 된다. 이러한 역설적 사고의 바탕에 아이러니라는 기법이 있다.

대상이 지니는 이러한 양면성을 인정하면서도 그 차이성 혹은 모순성을 초월적 비전으로 통합하려는 노력은 낭만적 세계의 본질이다. 그러나 그러한 추구의 가열함에도 불구하고 세월은 흐르고 소년은 어느덧 나이 든 몸으로 저물녘의 길거리를 배회하게 마련이다.

『마늘』의 많은 시편은 향토적 세계를 배경으로 한 유소년기의 기억에서 출발한다. "은사시 숲속에서 첫 입술 주던 애인", "이삿날 소중한 구슬 딱지 건넨 친구" 등은 단순한 추억을 넘어, 시적 자아가 처음 외부 여성성과 접촉한 무의식적 원형 이미지들이다.

이삿날 소중한 구슬 딱지 건넨 친구 은사시 숲

속에서 첫 입술 주던 애인

지금은 어느 거리를 지나가고 있는지

늘그르미 쑨 죽에 참기름 동동 띄워 돈나물 곰밤부리 허위허위 먹고 싶어 장미향 송화가루가 몰려오는 고갯마루

뻐꾸기는 종일 울어 전생에 떠돌이였는지, 깨어진 유리처럼 사방으로 뻗은 길들

무논에 개구리 소리 자글자글 들리는 밤

감잎 필 때 못자리 밤꽃 필 때 모내기 접시꽃 붉다고 늦장마 진다고

주먹을 꽉 쥔다 자욱,

안개비 흩뿌린다

_「손금에 내리는 비」 전문

여기서 시적 화자는 회고의 시간 속에 있다. 향토 세계를 벗어나 동경과 이상을 추구하고 살았지만, 도

시의 현실은 "깨어진 유리처럼 사방으로 뻗은 길들"로 파편화되어 있다. 공감각적 이미지로 충만했던 유소년기는 회복될 수 없는 잃어버린 세계가 되었다. 이러한 점에서 인간은 누구나 에덴과 같은 탯줄 공간을 잃어버린 노스탤지어가 된다.

이에 비해 자칫 운명론적으로 읽을 수 있는 종장의 "주먹을 꽉 쥔다 자욱,// 안개비 흩뿌린다"에서 단서를 추적한다면 주체가 거쳐온 현실감각이 결코 가볍게 여겨지지 않는다.

그렇다면, 이와 같은 상실은 어디에서 기인하는가.

    하얀 옷
    솔기마다 어둠의 향 풍긴다

    궁벽 진 골짜기
    아득히 태어나서

    일본군 손아귀에 끌려가 가시넝쿨 박혔지

    느릅나무 피는 속잎
    뻐꾸기 찾아올 때

    고향 점점 멀어지고

이역만리 떠난 기차

무정차 기적소리에 떨어지는 눈물방울

철교를 지나는지
텅텅 빈 울음소리

보고 싶은 사람들
손 흔들던 플랫폼

그날로 되돌아가고 싶을 땐 보름달을 불렀지

장미가
될 수 없어
희게 바랜 그리움

지옥 같은 마음 자락
잠시나마 쉬는 곳

땀땀이 바늘 뜬 꽃잎 붉게 맺힌 핏방울

_「찔레꽃역」 전문

'찔레꽃 순정'으로 읽히는 이 시는 집단 유전된 민

족사적 애환을 담고 있다. "찔레꽃"의 순결한 이미지와 덧없이 허물어져 버린 소녀의 꿈은 이 시를 추동시키는 근원적 정서이다. 지나간 역사의 상흔이자 아물지 않은 아픔이 "땀땀이 바늘 뜬 꽃잎 붉게 맺힌 핏방울"로 재생된다. 아름다운 것, 순결한 영혼은 보호받지 못한 상태에 무참하게 짓밟힌다. 그렇더라도 모든 것이 무가치하게 전락하고 마는 것은 아니다. 타락한 세계 속에서도 영혼의 순결성을 강조하는 것은 그 본래적 가치가 고유하게 남아 있다고 보기 때문이다.

여기서 시인이 추동하고 있는 시적 근원이라 할 수 있는 심미적 태도를 찾아볼 수 있다. 첫째는 향토적 순수 세계에 대한 심미적 지향이다. 이는 유소년기의 추억과 시공간적으로 얽혀 있다. 둘째는 완성되지 못한 심미적 세계에 대한 애틋한 연민이다. 이는 현실적 세계를 누추하고 타락한 상태로 환원시킨다. 소년기적 이상과 동경의 상태에서 성장을 멈춘 것 같은 감수성이 그의 시를 지탱하는 근원적 정서라고 일반화시키는 것은 위험하다. 그럼에도 그의 시가 휴식과 회상을 위한 몽상을 독자들에게 불러일으킬 수 있다면 먼저 이 지점에서 출발해야 한다. 길가에서 멈추어 선 노스탤지어에게는 동경을 간직했던 그 시공간이 아직도 생생한 현재로 살아 있기 때문이다.

그리고

자신의 마음속을 들여다보고 그 깊은 우물 속에서 한 얼굴과 대면한다. 그러나 그 얼굴은 물빛처럼 반짝이면서 산란되거나 중첩되면서 윤곽으로만 다가오는 얼굴상이다. 그의 수필집 『다행이다, 내가 더 사랑해서』의 자전적 해설을 참고하면, "누님"이란 시어는 그의 시를 이해하는 가장 주요한 해석소이다. 줄줄이 딸을 낳은 집에서 늦둥이 외아들로 자라면서, 여성성은 "누님"이나 "누이"로 고착된다. 그녀들은 그의 내면에 아니마를 형성시키는 동인이 된다.

> 양귀비 모란 작약/ 쓰디쓴 약 삼킨 듯
>
> 꽃잎이 벌어질 때/ 천둥소리 들렸어
>
> 언젠가 걸어가야 할/ 외줄기 길 보였어
> _「누님의 꽃밭에서」 부분

여기서 "누님"은 대모大母, Great Mother와 에로스의 중간적 지점에 걸쳐 있는 아니마Anima 즉 심리적 상징이다. "누님"은 자립적 성장기의 전 단계에 위치한다. "은사시 숲속에서 첫 입술 주던 애인"의 이전 단계에서 어머니의 일부로서 존재하는 셈이다. 그러면서도 에로스를 환기하는 대상이니, 완전한 자립 이전의 통제된 상태에서 내적 여성성이 형성되었다고 보겠다. 그런 누님들이 "양귀비 모란 작약"으로 대유된다. "꽃잎이 벌어"지고 "천둥소리"와 함께 곧 시들어가는 꽃이다. "언젠가 걸어가야 할/ 외줄기 길 보였어"라고 했을 때, 성년기의 진입이며 순수한 동경이 쓸모없어지는 어떤 세계에 대한 불길한 전망이다.

    아는가, 우리 누이 신행 따라가던 날 대나무숲
둘러친 마을로 들어설 때 흰 눈이 그것도 쌀눈이
퍼붓기 시작했네

    살피듬 거친 깜장 돼지가 끌려 나오고 멱따는
소리가 울려 퍼지는 뒷마당 더운 김 뜨건 내장들
막소금에 찍는 손길

    긴 장화 차림의 사람들 우세 두세 둘러앉아 파
안대소 건네는 말 아따메, 새아가 들온 날인디 참
말 복 있을랑갑서

    여보게 아는가,
    보리밭 파란 남쪽

> 차일 친 하늘 끝 날아가는 철새 떼
> 싸락눈 가뭇없이도 어두워진 묵 친다네
>
> _「겨울 서간체」 전문

「겨울 서간체」는 "우리 누이 신행 따라가던 날"의 낯선 동네의 모습이 풍속사적으로 묘사된다. 좋은 날 축복의 메시지처럼 "흰 눈이 그것도 쌀눈이 퍼붓기 시작했네"로 회고하는 잔칫날의 풍경이다. "뒷마당 더운 김 뜨건 내장들 막소금에 찍는 손길"에서 보듯, 야생이 꿈틀거리는 농촌 마을의 생활사가 끼어든다.

그럼에도 이 시의 어조가 어두운 것은 "누이"의 혼사와 더불어 주체의 유년기도 작별을 고하였기 때문이리라. "차일 친 하늘 끝 날아가는 철새 떼/ 싸락눈 가뭇없이도 어두워진 묵 친다네"에서 보듯, "누님"의 상실과 '소년기'의 상실을 동시에 겪었던 마음을 드러낸다. 제목 "겨울 서간체"에서도 어둑해진 마음의 끝을 드러내는데, "보리밭 파란 남쪽"과 같이 막연한 공간과 계절을 지칭함으로써 점차 내왕이 뜸해진 부정칭의 공간으로 빨려든다. 그러니 누님이 시집간 그 마을은 심리적 허공을 나타내거나 아니마의 일부를 상실한 곳이라 할 수 있다. 이는 심리적 성장 과정의 일부로 남겨진다.

벽,

 너머의 옆방에서는 어떤 일이 벌어지고 있을까. 전원적인 시골 풍경 속에서 유년기를 보낸 이후, 도시로 성장기가 옮겨지면서 갑자기 청소년기로 이행된다. 앞에서 아니마의 자리에 누님이 있었다. 그런 누님이 혼삿길을 찾아 떠나거나, 도시로 함께 거처를 옮겨 '대모大母, Great Mother'의 중간자적 역할을 맡게 된다. 이제부터는 오누이의 도시 생활이다. 도시의 자취방에서 그 누이는 또 다른 형태의 보호자가 되었고 집안의 외아들인 화자의 학업성취를 위한 조력자의 역할까지 떠맡아야 한다. 이농離農이 한창이던 시절, 미래의 가장을 키우기 위해 헌신하는 부모와 숙녀들의 모습이다. 이러한 가부장제 중심의 사회문화도 바뀌어 지금은 아득한 옛이야기가 되었다.

 이때 시적 화자가 취할 수 있는 행동은 강박적인 자기 성장에의 몰두이다. 그러나 학업 이외에도 성장 과업을 이루는 과정에서 만나게 되는 성적인 궁금증은 어찌할 수 없다. 이때 그 대타적 자리에 있는 이웃집 "여자"나 "새댁"이 대신하게 된다.

> 칸칸이 벽을 막은 방에서 자취할 적
> 은하수 맥주홀 무명 가수 옆방 청년

    어딘지 먼 행성에서 데려온 여자 하나

    어둠의 불 켜둔 채 목욕하는 물소리
    키들키들 아무리 막아도 새는 웃음
    우르르 새벽 기차가 지나가는 철길 가

    방광이 봉숭아 씨방처럼 부풀 때
    금싸라기 은싸라기 부어진 낯선 해변
    줍는다 향유고래 수컷이 뱉어낸 용연향을
                         _「기찻길 옆」 전문

    벽 너머에는 성년기의 남녀가 살림을 차렸다. 벽 하나를 사이에 두고 성적 금기와 해제 간의 경계가 있다. 성년기는 성적으로 자유롭지만 생활에 대한 책임이 따라붙는다. 시적화자가 바라보는 "은하수 맥주홀 무명 가수 옆방 청년/ 어딘지 먼 행성에서 데려온 여자 하나"의 생활은 공인받지 못한 일시적인 상태로 위태롭기만 하다. 그러나 "어둠의 불 켜둔 채 목욕하는 물소리/ 키들키들 아무리 막아도 새는 웃음"과 같이 성애에 가득 찬 생은 범람한다. "우르르 새벽 기차가 지나가는 철길 가"의 소음은 생활 환경과 함께 이들의 성애를 중첩하여 보여주는 이미지이다. 그리고 벽 너머에는 그 세계를 엿듣는 한 소년이 있다. 소년은 "방광이 봉숭아 씨방처럼 부풀 때"와 같이 몸으로 감응하면서 성년기를 꿈꾸며 체화하여 나간다. 문득 "낯선 해변"의 "용연향"으로 풍겨오는 후각적 이미지는 바다 이미지로 변용된 남성적 신체의 한 상태를 함축한다.

이러한 성장기를 거치면서 자아는 점차 외로움에 눈을 뜨게 된다. 자아 인식의 바탕에 개체로서의 외로움이 뿌리를 내리게 되는 것이다. 아래 시를 보면 분명해진다.

대성동 사거리 자취방 얻어 살 때

캄캄한 잉크가 엎질러진 한밤중 "성공은 달고 인내는 쓰다" 아로새긴 책받침 앞 공부하다 엎드려 깜박 잠든 사이에 사막을 함께 걷던 낙타는 사라지고 물지게 삐걱삐걱 나 홀로 샘물 긷는데 눈두덩이 시퍼런 아랫방 새댁이 손을 잡아 이끈다 별똥별 쏟아진 초승달 모양 아로새긴 호수가녘

또다시 꿈속에서나마 모래 산이 울고 간다

_「명사산」 전문

위의 시에는 1970~80년대 대입 수험생의 내면 풍

경이 고스란히 펼쳐져 있다. 수험생의 꿈속에 대타적 아니마인 이웃집 "새댁"이 등장한다. 달리 말하면, 꿈속에서 불러내는 아니마의 모습이다. "나 홀로 샘물 긷는데 눈두덩이 시퍼런 아랫방 새댁이 손을 잡아 이끈다"고 한다. 그 여성은 "새댁"이며 "눈두덩이 시퍼"렇다. 새댁은 폭력 앞에 노출된 상태이며 무방비이자 수동적이다. 매 맞는 여성의 가혹한 현실은 자아가 간직한 것으로 내면의 인격이라 할 수 있는 아니마에 가하는 폭력과 다름없이 느껴질 수 있다.

한편으로, 프로이드는 성적 충동과 공격적 충동은 기본적으로 동인이 같다고 한다. 이때 "눈두덩이 시퍼런" 여성의 이미지는 그 상대가 가하는 성적 대상화의 공개적 천명이라 할 수 있다. 이를 대타적 아니마로 불러냈을 때 "새댁"은 빼앗긴 아니마의 상태에 있게 된다. 자아의 입장에서는 살부殺父 충동과 유사한 감정의 상태에서 '자리바꿈'에 대한 바람을 내비친다. 그러나 그러한 충동은 자기검열의 과정에서 제약되며 수험생이라는 현실감각으로 곧 되돌려지면서, "또다시 꿈속에서나마 모래 산이 울고 간다"와 같이 덧없는 꿈의 한 장면으로 환원된다. 현실적 자아 감각 혹은 초자아의 입장에서 아니마를 보호할 능력도 없고 그럴 처지도 아니라는 한계 상황을 설정하고 있는 셈이다.

여기서 시인이 간직한 심리적 기원으로서 아니마의 양상이 "누님"의 모습과 닮아있음을 유추할 수 있다. 즉, '나이 든 여성'이 소유한 모성적 가치와 성적 에로스의 가치가 양립한 상태에서 아니마가 점검되고 있는 셈이다. 즉 "누님"은 부드러운 보호를 통한 감쌈과 벽 너머의 성적 비밀을 간직한 상태라는 양면성을 지닌다. 이와 같은 양립된 가치가 자아의 내면에 깃들어 인격의 일부가 되었다고 유추할 수 있겠다.

>그 여자 속눈썹이 함초롬 젖어있다
>온몸 검은 상제나비 얼룩덜룩 나는 밤
>못다 한 노랫소리로 차츰차츰 밝는 아침
>
>깨끗이 씻긴 산허리 깊어가는 계곡물 이틀 사흘 내리고 또 내리는 우중에 산 넘어 강을 건너서 수수밭 마을 지나
>
>매캐한 연기 내음 군불을 지필 때
>진초록 잎새 사이 분홍으로 타오른다
>손 모아 합장하는 이마 물소리가 들렸다
>_「자귀나무」 전문

"자귀나무"를 "합환목"이라 칭하고, 혼례의 상징으

로 여기던 시절에 시인은 유년기를 보내고 있었다. 양육의 일정 부분은 책임졌던 "누님"들은 시집을 간다. 누님의 상실이다. 그 이후로 청소년기를 보낼 때, 누님은 "대성동 사거리"에 세 들어 살던 "그 여자"가 된다.

청소년기를 거치며 아니마는 이전보다 복합적인 성격이 되는데, 「기찻길 옆」, 「명사산」, 「자귀나무」 등에서는 자아가 아니마와 접촉하면서 느끼는 성적 긴장과 죄책감, 동경과 좌절 등이 뒤섞여 있다. 벽 너머 들려오는 웃음소리, 폭력을 당한 "새댁"의 이미지, 꿈속에서 손을 잡아 이끄는 여성 등은 성애와 구원의 욕망을 동시에 환기한다. 하지만 이들은 언제나 도달 불가능한 타자이며, 자아는 그들을 지키지도, 소유하지도 못한다.

이러한 여성상은 융의 '어두운 아니마Shadow Anima'에 해당한다. 내면화되지 못한 여성성은 외부의 대상에게 투사되어, 갈망과 동시에 거부, 보호하고 싶음과 동시에 위협이라는 양가적 감정을 유발한다. 이로 인해 자아는 죄의식과 무력감에 빠지며, 아니마는 다시금 상실의 기억 속에 편입되고 만다.

오래전부터,

　고성만의 시에 나타나는 것으로 로맨틱한 추억이나 그에 대한 동경이 두드러진다고 생각했다. 그러한 심리적 저변에 무엇이 있는지 궁금하기도 했거니와 이번에 만난 시집에서 아예 그 정체를 밝혀보자는 의욕이 생겼다. 그가 잊지 못하는 추억 속에는 늘 소녀가 있었고, 그 소녀와의 만남은 애틋했으나 유년기의 추억으로 머물 뿐 언제나 진전되지 못한 상태였다. 그에 따르면 이사를 하거나 전학 등으로 연락이 닿지 않게 되었고, 주소를 바꾸고 알려주지 않아서이다. 그렇다면 그 대상은 유년기에 만났던 소녀들로 학령기였거나 성년이 되어서 대학생 때 펜팔로 사귄 여학생이다. 즉 유년기의 철부지 시절의 접촉, 성년기에는 생활인이 되지 못한 상태에서 몇 번의 만남 등이 그가 거쳐온 편력이라 할 수 있다.

　헤르만 헤세의 『크눌프』의 주인공은 12세에 첫 키스를 하고 인생이 바뀌었다. 빌헬름 뮐러의 시에 슈베르트가 곡을 붙인 『겨울 나그네』에서도 사랑을 잃고 방황하는 나그네의 모습이 나오는데, 이들은 상처받고 방랑하는 낭만주의자의 전형이다.

　그 시절을 추억하고 향수에 젖는다는 것은 순수한 그 세계에 대한 동경이며, 생활인의 논리가 개입하지 않는 상태에서의 로맨스를 꿈꾸는 것이다. 벽 너머에서 들려오는 성애에 가득한 웃음소리나 매 맞는 여성을 인식하기 이전의 것으로, 순수한 유소년기를 거쳐 왔던 그 자체로서의 사랑과 동경의 세계, 이는 시인이 만들어낸 사랑의 이미지이다.

> 부서지는 역광 안 가득 핀 억새밭
>
> 샛노란
> 은행나무
> 밑동 덮은 잎사귀
>
> 머리 센 어머니가 담근
> 모과차를 마신다
>
> 예서 먼 산골짜기 성당에 세운 트리
>
> 고요한 밤
> 거룩한 밤
> 함박눈 펑펑 내리는,
>
> 순록의 마차를 타고
> 너와 함께 돌아간다
>
> _「선천적 그리움」 전문

「선천적 그리움」에서는 "부서지는 역광 안 가득 핀 억새밭"을 통해 "어머니"를 떠올리고 그 어머니가 만든 "모과차"를 마시면서 이 세상에 없는 "너"를 그리워한다. "예서 먼 산골짜기 성당"은 가공의 공간이며, 비현실인 몽상 속의 공간이다. 이때 "순록의 마차를 타고" 함께 가고 싶은 대상은 "너"이다. 그리고 "너"는 크리스마스트리와 순록이 끄는 마차에 감동할 만한 나이의 "너"이다. 즉, 유소년기에 간직하고 꿈꾸었던 동화적인 시공간이다. 그런 "너"는 현실에서는 결코 회복될 수 없다. 동경을 가치 있게 지녔던 유일한 시기인 소년기는 덧없이 사라져 버렸고, 그 희미한 흔적이 선천적이라 할 만큼 무의식의 저장소를 채우고 있다.

> 난간이란 말 들으면 마음이 아슬아슬해
> 당신 모습 멀어서 서성거리는 기다림
> 풍경화 안쪽 어디쯤 덩그렇게 놓인 자리
>
> 들여놓을 공간 좁아 안고 있는 화분에
> 움이 돋아 푸르렀어 자주 물기 말랐어
> 아직도 안 온 것인지
> 왔다가 간 것인지

> 달빛의 흰 물결 찰랑대는 난간 바깥
>
> 차마 딛을 수 없는 허방 덜덜 떨리는 꿈
>
> 자꾸만 망설이다가
>
> 어제도 또
>
> 오늘도
>
> _「베란다 의자」 전문

그러나 현실적으로 "너"는 어디에도 없다. 내면에 깃든 아니마인 자아의 이미지를 덮어쓴 나의 너이기 때문이다. 그러한 "당신"을 만나려고 베란다의 난간 앞에 서 있다. "마음이 아슬아슬"한 "난간"은 내면의 심연으로 추락하는 것처럼 두려운 일이다. 내 마음 밖에 놓아둔 아니마를 만나는 일, 양성적 합치의 순간은 "차마 딛을 수 없는 허방 덜덜 떨리는 꿈"을 꾸는 것처럼 두렵지만, 내 안의 자신이라 할 수 있는 "당신"이라는 "나"를 마주치는 일이다. "자꾸만 망설이다가/ 어제도 또/ 오늘도" '당신/너'는 다가오지 않는다. 그 당신은 내 마음이 만들어 놓은 가상의 이미지이기 때문이다. 사랑은 나의 대상 지향 행동보다는 내가 누구인가와 더 관련된 문제라고 한다. 사랑이라는 행동은 내면의 아니마가 대상에 투사되면서 나타나는 것으로, 그 투사의 방식이 나를 통해 작동하면서 이루어지기 때문이다.

뜨거운

불판 위

한꺼번에 올려진 채

노릇노릇 익어가는

이백여 뼈마디

속살이

아리는 슬픔

말갛게

고인 눈물

_「마늘」 전문

그러므로 나를 바라보지 않고서는 나의 대상을 찾아낼 수 없다. 고독한 크눌프, 그리고 겨울 나그네는 한숨 섞인 목소리로 철부지 시절의 따뜻한 추억을 떠올리면서, 찬바람 속에서 자신의 뼈마디를 세고 있다. 달구어진 현생의 불판 위에서 사랑을 온전히 소진시키지 못했다는 상실감과 함께 스치는 바람, 풀잎 같은 잔해 속에서 현존의 한때를 점검하는 것이다.

시집의 표제작 「마늘」은 아니마의 통합 이후 도달하는 정화의 이미지를 함축한다. "불판 위 한꺼번에 올려진 이백여 뼈마디"는 삶의 고통과 소진, 연소와 상실을 감내한 것으로 통합적 아니마의 상태에 도달하였음을 알려준다. "속살이/ 아리는 슬픔/ 말갛게 / 고인 눈물"은 자아가 오랜 여정을 지나 자신의 상처를 정화된 감정으로 받아들이는 순간이며, 이는 융이 말한 '자기self 찾기'의 결과를 알리는 정동적 이미지이다. 이 시집에서 제목으로 내세운 '마늘'은 향토성과 생명력, 슬픔과 정화를 동시에 상징한다.

"속살이/ 아리는 슬픔/ 말갛게/ 고인 눈물"
문득, 풀잎 위에 후두둑 떨구어지는 것은 눈물인가 회한인가.
낭만주의자에게는 후회할 근거가 없다. 단지 받아들여지지 않았을 따름이므로.

*

예술이란 자기암시이자 자기기만, 묘사의 허구성을 언제나 인정하는 데서 출발한다. 시인의 자전적 경험에서 출발한 것일지라도, 경험의 편집을 통하거나 추구하는 이상이 반영되면서 결과로 나타나는 작품은 작가가 지향하는 어떤 세계로 변형되게 마련이다.
낭만적 사랑은 자신이 투사하는 것, 자신의 기대와 환상을 향해 열려 있다고 한다. 상대를 사랑하는 것이 아니라 자기의 내면 혹은 인격이라 할 수 있는 아니마를 사랑하는 것이기 때문에 자기중심적egoistic이 될 수밖에 없다고 한다. 그런 점에서 모든 시는 자기중심적이며 기본적으로 낭만적 속성을 지닌다고 할 수 있다.

고성만의 『마늘』은 시적자아가 유년기부터 장년기까지 아니마를 통해 자기 내면을 탐색하고 재구성해 나가는 드라마이다. 여성상은 단순한 회상의 대상이 아니라, 자아 내부에서 형성되고 소멸하였다가 다시 귀환하는 심리적 실체로 나타난다.

이번 고성만 시조집 『마늘』이 갖는 다양한 장점에도 불구하고, 특별히 주목했던 점은 성장기 소년이 간직하고 가꾸어온 내적 아니마를 가감 없이 솔직하게 보여주고 있다는 점이었다. 이는 그동안의 시조가 견지해 왔던 관념적인 세계를 뛰어넘는 것이다. 한 편의 성장소설이 이 시집에 편재되어 있다. 비로소 자아의 내면을 드러내는 시조, 성장기 소년의 감수성을 잃지 않고 간직해온 나이 든 소년의 모습을 만나볼 수 있게 되었다. 근래의 시조단이 거둔 큰 수확이라 평가할 수 있겠다.

다인숲시선 07
마늘

—

초판 1쇄 인쇄 2025년 8월 26일
초판 1쇄 발행 2025년 9월 05일

—

지은이 고성만
펴낸이 임성규
펴낸곳 다인숲

—

출판등록 2023년 3월 13일 제2023-000003호
주   소 62357 광주광역시 광산구 월곡산정로 20-49 101동 106호
전자우편 a-dream-book@naver.com

—

*책 가격은 뒤표지에 표시되어 있습니다.
*지은이와 협의에 의해 인지는 생략합니다.
*잘못된 책은 교환해 드립니다.

—

ISBN 979-11-994222-3-0 03810

ⓒ고성만, 2025

―――――――――――――――――――――――――――――

이 책은 광주광역시 광주문화재단의 지역문화예술육성지원사업으로 지원받아 발간되었습니다.